What to Do When You Worry Too Much
A Kid's Guide to Overcoming Anxiety

教子有方12

擔心太多了怎麼辦？

幫助孩子克服焦慮問題

Dawn Huebner　著　　Bonnie Matthews　圖

陳信昭　審閱　　陳碧玲、陳信昭　譯

台灣心陽光協會　策劃

What to Do When You
Worry
Too Much
A Kid's Guide to
Overcoming Anxiety

Dawn Huebner (Author)
Bonnie Matthews (Illustrator)

作者／繪者簡介

關於作者

Dawn Huebner博士是在New Hampshire的Exeter居住的一位臨床心理師，專長是兒童及其父母的治療。目前致力於如何幫助孩子克服負向情緒。

關於繪者

Bonnie Matthews為許多兒童書籍繪過圖。她畫的一些古怪人物也已經出現在全世界超過100本雜誌上面，甚至禮品包裝紙、賀卡及多種目錄上也用過她的繪作。她目前居住在Baltimore。

給父母及照顧者的話

假如你是某個易焦慮孩子的父母或照顧者，你要知道那種被當作人質的滋味是什麼，因為你的孩子感受到那種經驗。擔心太多的孩子被他們的害怕所俘虜，他們會盡全力逃避令他們害怕的情境，並且一再詢問相同、與焦慮有關的問題。然而，回答問題一點都無助於讓他們放鬆。父母和照顧者會覺得自己花了非常多的時間在安慰、勸誘、哄騙孩子，並且做了所有可以想到的事情來減少孩子的苦惱。

但是這一切都沒有效；焦慮仍然掌控全局。你絕對會發覺，單純告訴一個焦慮的孩子停止擔心其實一點幫助都沒有。運用大人的邏輯來修正孩子的觀點，或是允許你的孩子逃避害怕的情境，或是在他每次表達害怕的時候給予安慰，其實最終也沒什麼效用。

焦慮有其生長、散播、轉換形式的方法，而且通常無法只藉由談一談就可以消失無蹤。不過，還是有希望可以做些事。《擔心太多了怎麼辦》這本書將會教導你和你孩子一種新穎且更為成功的方式來思考及處理焦慮。本書所描述的一些技術將會協助你的孩子獲得掌控。

你和你孩子很習慣於運用某種特定方式來面對焦慮，要改變這些模式會需要一些時間，也需要你和孩子雙方共同努

力。你能做的最重要的事情之一就是提醒孩子運用本書所呈現的一些技術。儘可能運用你的幽默感。保持正向、積極的看法，並且要鼓勵所有朝向正確方向的努力。

對書中技術的心理學基礎有一個基本認識將會有助於你成為孩子的最有效教練。所有的技術都根基於認知行為原則，而這些原則已廣被治療師用來處理廣泛性的焦慮。書中技術已被編為比較適用於兒童，而且也附加了一些說明，可以幫助孩子更容易瞭解，不過你可能還是會很納悶這些技術究竟是如何及為何有效。

書中技術根基於三個原則，也就是包容（containment）、外化（externalization），以及競爭性要求（competing demands）。要瞭解包容，你可以先想像有一加侖的牛奶。有了紙盒包裝起來，一加侖的牛奶並不會占據太大空間。你可以把它放在櫃臺或冰箱，然後去做你的生意。現在想像一下有同樣的一加侖牛奶但沒有紙盒。一旦牛奶沒有被裝起來，想想看你會把牛奶踩得到處都是，那多亂啊！

焦慮就像是那加侖牛奶一樣，若是沒有了容器，它就無可避免地會流得到處都是。焦慮必須被包容。在「花少一些時間在擔心方面」這一章有描述如何創造一個「擔心盒子」並安排「擔心時間」，這就像是在心理上讓牛奶裝在水罐中，而沒有讓它在地板流得到處都是。

再來，將焦慮想成是大寫的A，就好像它是一個獨立的實體，而不是你孩子的一部分。把焦慮或擔心想像成你和孩

子都不喜歡接待的不受歡迎訪客。本書也會教你的孩子用這種方式來看待。用這種方式來將焦慮「外化」可以有助於做好控制它的準備，正如「回嗆擔心」這一章所描述。

「競爭性要求」的原則就是，一個人無法同時感到放鬆又感到焦慮。投入某件有趣、好玩的事情是取代焦慮很有力的方法。孩子可以用來減少焦慮最有效的方式之一就是轉移注意力（distraction）。一旦孩專注於玩玩具、電腦遊戲闖關、騎腳踏車等等，即使令人焦慮的情境還是沒變，擔心的容身之處還是會減少。

最有效的方式就是把《擔心太多怎麼辦》這本書大聲唸出來。跟你的孩子一起坐下來，慢慢地閱讀，看一看書中的圖畫，然後依照指示做活動。一次只讀一、兩章就好，然後等個一、兩天再繼續讀下去，因為孩子需要一些時間來消化

新觀念以及練習新策略。

　　焦慮經常有其遺傳性，也就是說，假如你的孩子很容易焦慮，那你可能也會是一個容易焦慮的人。果真如此，你也可以運用本書所描述的一些打擊擔心的技術，這些技術在成人身上的運用一樣有效。

　　然而，假如你對孩子的焦慮真的非常擔心，你可以考慮去找一位治療師諮詢一下，他應該可以提供額外的指導及支持給你和孩子。假如焦慮明顯影響你孩子的生活，最好也去接受治療師的諮詢。

　　從你將此書帶給你孩子的那一刻開始，請務必記得正向思考的威力。對於你孩子有能力成長到足夠強壯來對抗擔心這件事，你必須保持信心及樂觀。你必須維持一種有信心的氛圍。你正在邁向成功的一天，到了那一天你就可以說你孩子過去經常擔心太多，但是那已經是以前的事了。那種感覺不是很好嗎？

目　錄

第一章

你正在讓擔心不斷滋長嗎？

有了你的辛勤照料，世上大多數的事物都會滋長。

　　你曾有過種植蕃茄種子的經驗嗎？假如你用肥沃的泥土覆蓋種子，幫它澆水，並且確保它獲得充足的陽光，那麼小小綠色的新芽很快就會冒出來。

　　假如你每天給它更多的水份，綠色的新芽將會長成一株帶有葉子和花朵的樹莖，然後總有一天，蕃茄就會長出來。

　　假如你繼續辛勤照你的植物，就會不斷長出更多的蕃茄，很快地你就會擁有很多很多的蕃茄，以至於你可能必須到圖書館找一本關於蕃茄的食譜，然後學習如何做蕃茄醬和蕃茄湯。

接下來蕃茄將會出現在你的沙拉裡面，並且放在鮪魚旁邊。你的便當裡可能會有蕃茄三明治，蕃茄汁當作是點心，然後晚餐是蕃茄千層派。有一天，你會有太多太多的蕃茄，以至於你的爸爸會建議你把它們加工做成蕃茄冰淇淋及蕃茄餅乾。

所有的這些蕃茄都是從當初你所種植並且每天辛勤照料的那粒種子所長出來。

畫出你曾經
協助滋長的某樣東西

你知道擔心就像蕃茄一樣嗎？不，我指的不是擔心可以吃，我指的是你可以讓擔心滋長，方法很簡單，只要多多照料它們就可以。

許多孩子很會照料他們的擔心，即使他們並非故意要這麼做。於是，一剛開始的擔心種子很快地變成**很大的一堆問題**，讓你完全不知道該如何擺脫它們。

16

假如這種情況曾經發生在你身上，或假如你的擔心已經大到讓你幾乎每天都感到困擾，那這本書就很適合你閱讀。

正如你所瞭解，壞消息是擔心可能會滋長得相當快速，並且引發許多麻煩。

你可能還不知道的好消息是，你有權力讓擔心消失無蹤。你真的可以。

繼續讀下去，你就會知道怎麼做。

第二章

擔心是什麼？

大人有時候會把擔心叫做焦慮或壓力。很會擔心的人可能會被說成很容易**緊張**或**焦慮**。

不管你怎麼叫它，擔心就是會讓你覺得不舒服、讓你心裡覺得很糟的一種想法。

擔心可以是讓你感到害怕的一種特別想法，像是「如果我足球課結束之後媽媽忘了來接我，那該怎麼辦呢？」或是一種更平常的感覺，像是每天上學之間你的肚子出現的一種反胃、**噁心**的感覺，即使你並不十分知道究竟是什麼讓你不舒服。

每個人總有些時候會覺得擔心。

假如你認為去看醫生會被打**針**，那你在看醫生的路途中感到擔心其實很正常；同樣地，假如字彙真的很難，那你在考**拼字測驗**之前感到擔心也很正常。假如有**新的保母**今天第一次要來照顧他們，或是他們必須進去一間**沒有開燈的房間**，大多數孩子都會有一點擔心。

拼字測驗　　　　詹姆士
10月21日
1. 密西西比
2. 加利福尼亞
3. 密西根
4. 肯塔基　　　　✗
5. 愛渥華

有許多擔心其實都沒什麼道理，像是擔心**怪物**出現，但其實怪物並不真的存在。或像是擔心**沒有人喜歡你**，但其實你知道其他孩子每天都跟你一起玩。

不管某種擔心對別人是不是有道理，對於感受到擔心的那個人而言，那感覺是很真實的。若是一個擁抱或是某種安慰就可以讓擔心消失無蹤，那不是很棒嗎？

　　但是有些擔心並不會消失無蹤。

　　很難處理擔心的那些孩子會發現他們的擔心常常會卡住。即使每次上完足球課，他們的爸媽都準時來接；即使他們每次看醫生都沒有被打針；或即使以前每次他們都跟保母玩得很開心，這類擔心卻還是一再出現。

畫出你擔心
的某樣事物

假如你正在閱讀這本書，你可能是有擔心卡住了。你可能有一些別人並不完全理解的擔心，而且你的擔心可能持續得比別人預期的還要更久。別人可能總是告訴你「不要擔心」，但是對你而言，要停止擔心並不是一件容易的事。

要停止擔心並不容易，但卻是有可能。

一旦你知道更多有關擔心這件事，你就可以開始努力讓你的擔心消失無蹤。

第三章

擔心是如何開始的呢？

看到或聽到某件可怕的事情發生有可能會讓擔心開始啓動。觀看**警匪**或**恐怖影片**可能會讓孩子認爲某件不好的事情即將降臨在他們身上。

有時候壞事眞的會發生，就像有人會死掉或父母會離婚，或是你最要好的朋友不再喜歡你。

一旦可怕或令人難過某件事情發生，或者是你聽到了某些消息而讓你認爲可怕或令人難過的某件事情可能會發生，擔心就可能會開始啓動。

每個人偶而都會發生一些困難解決或令人失望的事情。許多孩子會有一段時間覺得心情很糟，但最終他們會開始想一些辦法來讓自己振作起來。有些孩子很擅長於安慰自己以及找到一些方法來解決他們的問題。他們通常會找別人說說話，然後心情就會比較好一點。不過，有些孩子——就像你一樣——可能還是會做同樣的事，但是最後他們還是一樣擔心。

　　經常擔心的孩子可能會有一個同樣也經常擔心的爸爸或

媽媽或其他親戚。這種擔心的特質有可能是你天生擁有的東西，就像是你天生的眼睛顏色或是會不會捲舌。

列出你所認識
經常會擔心的人

　　有些人認為擔心只是**腦袋裡面的事**而已，但其實不是！

　　假如你是屬於很會擔心的孩子，你就會知道擔心可能會讓你的身體不好受。擔心可以引發身體內部一種很不舒服的感覺。它們可以讓你胃痛，也可以讓你頭痛。它們可以讓你冒冷汗，也可以讓你的心臟跳得很快。擔心可以讓你感到發抖或頭暈，好像你即將要昏倒或嘔吐一樣。事實上，有些孩子在身體上出現這些不好的感覺，但他們卻不知道是由擔心所引發！

你在擔心時會有哪些感覺，
把它們圈起來

頭痛　　　　　　頭暈

掉眼淚　　　　　想吐

喘不過氣　　心臟跳得很快

冒汗　　　　　　麻麻的

胃痛　　　　　　覺得冷

快昏倒　　　　　虛弱

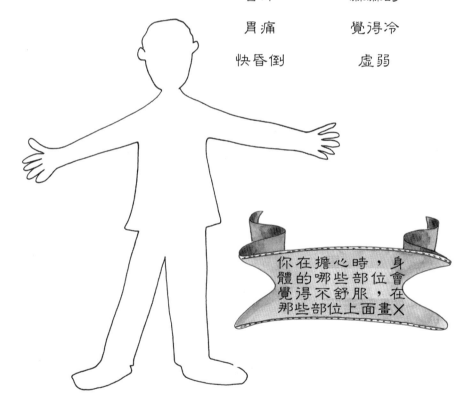

你在擔心時，身
體的哪些部位會
覺得不舒服，在
那些部位上面畫×

沒有人想要有很多的擔心，那並不好玩，而且也可能會讓你的身體覺得很糟。不過，你知道擔心也會導致其他的問題嗎？

　　很會擔心的孩子通常只有待在他們爸媽或很熟悉的人旁邊才會覺得自在，他們會逃避其他孩子覺得很有趣的事情，像是**在別人家過夜**或是**到朋友家去玩**。

　　很會擔心的孩子有困難去作其他孩子可以輕易做到的事情。他們很難自行搭巴士上學或是單獨入睡。因此，很會擔心的孩子常常會錯失其他孩子可以做的事情。

更糟的是，很會擔心的孩子會發覺大人對他們有點生氣。

在你因擔心而不斷地詢問同一個問題時，媽媽會覺得**很煩**。

若是你因為擔心而很難單獨一人睡覺，爸爸會顯得**很累**，也**很不高興**。

若是你因為胃痛而每天對老師說你必須去保健室，老師也會覺得**很挫折**。

有人會因爲你的擔心導致一些問題而對你生氣嗎？

畫出那個生氣的人

好了，受夠了關於擔心所帶來的壞消息，接下來我們來談談如何讓你的擔心消失無蹤。

第四章
讓擔心消失無蹤

一旦你有了擔心，第一件要做的事就是把它說出來。你可以對你自己說說有關這個擔心的事情，或者你也可以對一位可以幫忙的人——像是你的媽媽或爸爸——說說你的擔心。

接下來是運用「**邏輯**」來讓擔心變得比較沒有威力。

邏輯就是你想到真正的事實狀況是什麼，而不是想你所害怕的事情可能會發生。

邏輯就是提醒你自己說真正糟糕的事情並不常發生。

邏輯就是明瞭即使有一點點糟糕的事情真的發生了，你還是可以撐過去。

一旦你運用邏輯，你就可以研擬一個計畫來幫助你自己感到更加平靜，同時也變得較不擔心。

假裝你是一個怕狗的孩子，因為你認為牠們可能會跳出來咬你一口。假如你有一位新朋友邀請你到她家玩，你可能就會立刻開始擔心。你可能會想「假如她家有養狗怎麼辦？」或「假如她家的狗咬我怎麼辦？」因此，你可能甚至就決定不要去她家，因為你不想要被咬。

在你花更多時間擔心之前，試著運用邏輯思考看看。首先，你的朋友可能根本就沒有養狗！詢問這方面的細節並且讓心中疑惑得解答，就這樣就可以節省很多的時間以及不必要的擔心。

假如你的朋友真的有養狗，你要確保事先讓她知道你很怕狗。或許在你試著接近牠並且瞭解到其實牠很溫和的時候，你的朋友可以牽著牠；或者在你抵達她家的時候，狗狗可以暫時放到屋外去。

寫下你的一個擔心

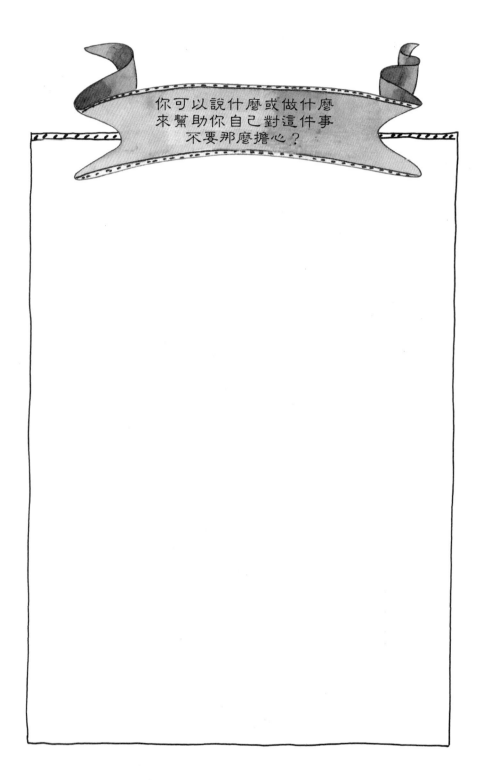

你可以說什麼或做什麼
來幫助你自己對這件事
不要那麼擔心？

有時候，即使你已經運用邏輯思考並且研擬了一個計畫，或者即使你的父母已經試著安慰過你，但是擔心還是留在你的腦海裡。

一旦這種情況出現，你就要想到前面提到過關於蕃茄的事。

第五章
少花一些時間在擔心上面

還記得擔心跟蕃茄樹有什麼相似的地方嗎？若是你每天都去照料蕃茄樹、幫它澆水，並且看看葉子上面是否有小蟲，那你就是在善待它並且幫助它成長。若是你常常想著擔心的事，同時不斷重複地談論它，那你也是在幫助擔心滋長。

假如你忽略你的蕃茄樹，從不去幫它澆水也不去照料它，那它就會開始枯萎，最後就會死去。擔心也是如此。假如你不花時間在它們身上，它們就會開始萎縮，最後消失無蹤。

假如你是一個對許多小
事很會擔心的人，
你可以試著設定
一段「擔心時
間」。你的
媽媽或爸爸
可以協助你
選定每天當
中的某段時
間當作「擔心
時間」。「擔
心時間」應該
持續約15分鐘。

在這段「擔心時間」內，你的媽媽或爸爸會坐在你旁
邊，傾聽你所有的擔心。這段時間內不應該有其他的干擾：
不看電視、不接電話、弟弟不可以在附近玩、姐姐也不可以
來要求爸媽教她功課。

在這段「擔心時間」內，你可以說出任何你覺得擔心的
事情。在這段特別時間內，你的媽媽或爸爸將會全心傾聽並
且試著幫助你。

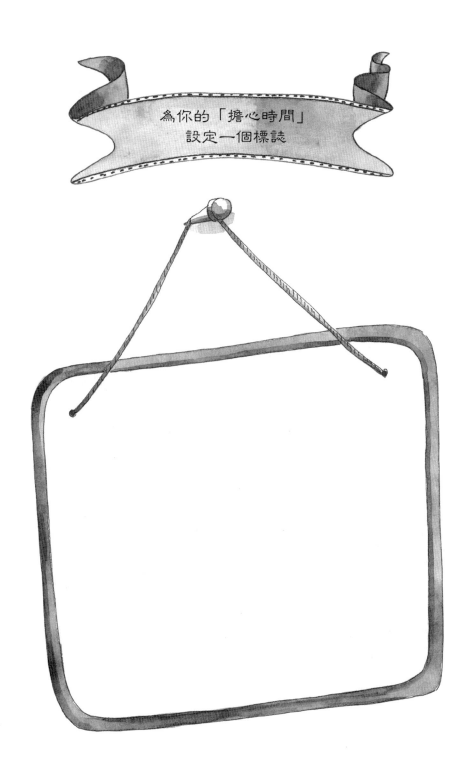

為你的「擔心時間」
設定一個標誌

關於「擔心時間」，只有一個非常重要的規定：

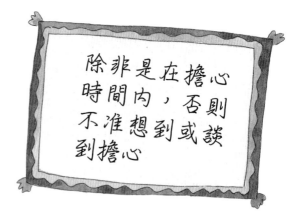

除非是在擔心時間內，否則不准想到或談到擔心

假如某個擔心在一天中的其他時間讓你覺得困擾，你不可以花時間去想它或談它，直到「擔心時間」。

假如某個擔心突然出現在你的腦海裡，可是當時並非「擔心時間」，那你可以想像有一個很結實的盒子。閉上你的眼睛，如此你就可以讓盒子的影像浮現在腦海裡。你要確保那個盒子有蓋子，也有一個很堅硬不破的鎖。接下來想像一下你自己將你的擔心放入盒中並將它鎖上。提醒一下自己，你可以在「擔心時間」重新把擔心拿出來想，但是現在你要做的就是把擔心留在「擔心盒子」，然後走開去忙別的事情。

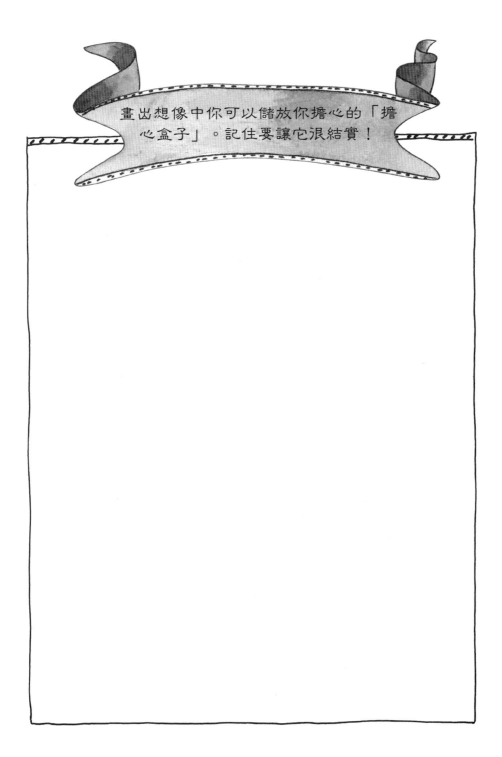

畫出想像中你可以儲放你擔心的「擔心盒子」。記住要讓它很結實！

假如你在不是「擔心時間」的期間對你的媽媽或爸爸問了關於擔心的問題或是說了關於擔心的事情，你的媽媽或爸爸會告訴你將擔心放入你的「擔心盒子」裡，直到「擔心時間」才可以問或說。

你的媽媽和爸爸不會回答你關於擔心的問題，除非是在「擔心時間」。

他們也不會因為你有擔心就安慰你，除非是在「擔心時間」。

這看起來好像很殘忍。你正在感到擔心，而你的媽媽或爸爸卻只會說「哦，那是擔心，把它鎖在你的盒子裡！」或者他們會說「我們可以在『擔心時間』談那件事。」

要等待可能讓你感到為難，但事實上那是最好的作法，因為在擔心出現的時候不斷反覆地談論擔心以及回答有關擔心的問題，就像是整天不斷地幫蕃茄樹灌溉一樣，最後只會讓擔心瘋狂似地滋長！

一旦你學會將你的擔心放入「擔心盒子」裡，直到「擔心時間」才拿出來談論，很有趣的事情就會出現。

一 剛開始你可能會覺得沒辦法等到「擔心時間」，因為你實在有太多的擔心必須談一談。這個過程會很辛苦，因為擔心會不斷出現在你的腦海，而你必須想像自己不斷地將擔心塞回「擔心盒子」裡。

你必須一而再、再而三地告訴自己要等到「擔心時間」。

不過等到一陣子
之後，你會發現
在還沒到「擔
心時間」之
前，有些擔心
就已經自行消
失無蹤了。你
可以儘量打開
你想像的「擔心
盒子」，它並不如
你想的那麼滿。騷擾著你
的那些可笑擔心──那些你已經知道但還是必須一再詢問的
事情──將會逐漸消失，只要你停止注意它們。

　　你的「擔心時間」也會有些許變化。剛開始你會有許多
時間來談論許多的小擔心，然後小擔心就會消失無蹤，接下
來你就可以運用「擔心時間」來談論在你腦海中某些更大的
事情。

過了一陣子之後，你就會發現每天都沒什麼大問題要處理，因此你可以運用「擔心時間」來跟你媽媽或爸爸閒聊。你的父母仍然會花15分鐘跟你在一起，不過，一旦這段時間不再充滿了擔心，你可以決定把這段時間改個稱呼，像是「談話時間」。

第六章

回嗆擔心

你可能已經注意到，不管你將它們放進「擔心盒子」多少次，某些擔心還是會一再地跳出來，這眞的令人相當挫折。

不過猜看看怎樣？你還是可以對這種情況做些努力。你可以學習如何回嗆擔心，好讓它消失無蹤。

你可能已經知道如何回嗆。所謂回嗆，指的是當有你不喜歡的事情正在發生的時候，你可以挺身維護自己的權利。

有些孩子會回嗆他們的父母，不過那並不是一件好事，因爲你的父母是想要幫助你。但是，回嗆擔心是一件好事，因爲擔心只是想要讓你難受而已。擔心是一個霸王（BULLY）。

運用你的想像力來看看擔心霸王是長成什麼樣子。

它是一個殘忍、醜陋的怪物，有著充滿臭味的氣息和長長的爪子，而且棲息在你肩膀上，對你的耳朵吟唱擔心想法嗎？或者擔心是一片烏黑的斑點，像是一位掌控烏雲的人，不斷對你降下擔心？

畫出你的擔心霸王
長成什麼樣子

你希望霸王對你糾纏不清嗎？

當然不要！但現在唯一的問題就是，擔心霸王比你強，它知你也知。

但是猜猜看怎麼樣？

你可以變得更強壯。

你可以學習對擔心反嗆。

你可以學習不要對它屈服。你可以讓它離開你的肩膀，然後消失無蹤。

有一些事你必須
記住。

第一件是：

擔心會說謊

擔心霸王認爲欺騙你是一件很好玩的事，所以它們會
誇大並且說謊。擔心霸王想要你相信最可怕的事情一定會發
生，但事實上可怕的事情卻不太可能發生。因此要記住。你
不要相信擔心霸王的話！

在過去，擔心已經令你感到害怕，但是現在你已經知道
擔心霸王的技倆了。它們是利用謊言來讓你害怕。

你對那個擔心霸王有什麼感覺？你對它生氣嗎？假如你
覺得生氣，那很好！感到生氣可以有助於你覺得更強壯，可
以讓你更容易去做你下一步該做的事情。你應該要回嗆它。

把你的頭轉向你的肩膀，那是擔心霸王棲息的地方，然後你可以對它說「走開」。

你可以在心裡面講，也可以大聲說出來，不過，說的時候要很當一回事，而且要用很堅定的聲音說。

告訴擔心霸王說你不相信它。

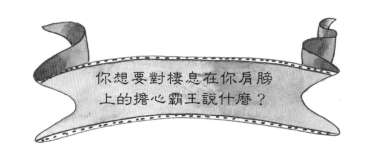

你想要對棲息在你肩膀
上的擔心霸王說什麼？

回嗆擔心是一件好事，因為那會讓你感到更有力量。那會讓擔心變得比較虛弱一點，而你會覺得比較強壯一點。

再試一次，叫擔心「走開」。告訴它：

你甚至可以用手將它彈下你的肩膀，並且想像它跌落地上。用你的腳壓碎它，好讓它知道你是認真的。接下來你就可以去忙別的事情，像是玩你最心愛的玩具、看電視，或是問看看爸媽是否需要你幫忙做晚餐。

擔心霸王可能還是會繼續對你說話，它會要你留意聽。但是你反而應該要去注意別的事情，不要甩它。

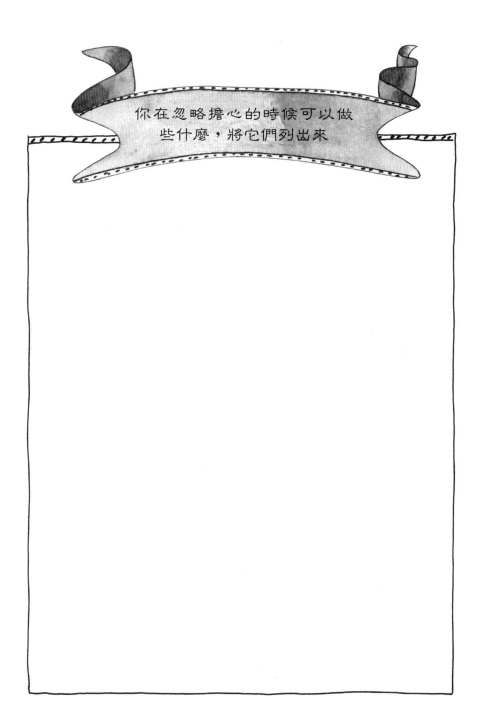

你在忽略擔心的時候可以做
些什麼，將它們列出來

在你剛開始回嗆擔心的時候，它可能很快又再度成為你的困擾，畢竟，它視你為一個膽小者，也知道你過去一直都不敢違抗它。因此，它可能會努力想要爬回你的肩膀上。

請你不斷地練習回嗆，叫它「走開」，並且態度認真。

努力去忙別的事情，如此一來你的腦海裡就比較沒有擔心的容身之處。

你的媽媽和爸爸也可以幫得上忙。

若是你父母為了卡在你腦海中的擔心而不斷安慰你，那事實上他們是在協助擔心獲得主控權。

一旦你開始回嗆擔心，你的媽媽和爸爸就不會一再回答相同的擔心問題。相反地，他們會提醒你說擔心霸王又回到你肩膀上，又對你的耳朵吟唱擔心了。

你的媽媽和爸爸可以提醒你要回嗆擔心。他們可以協助你叫擔心「滾開」。

假如你在擔心每次出現的時候都這麼做，擔心最後就會虛弱到無法爬上你的肩膀上。到了那個時候，你就可以為自己感到光榮，因為那表示你已經變得比擔心更強壯了。你已經讓擔心消失無蹤了。

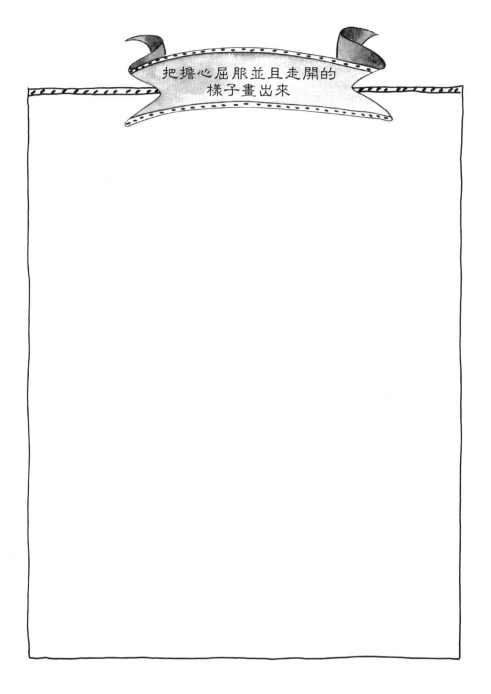

把擔心屈服並且走開的
樣子畫出來

第七章
重新設定你的系統

有時候孩子會叫擔心「走開」，然後試著去玩或想別的事情，但是擔心卻已經讓他們整個身體覺得很糟。即使如此，你還是可以重新找回主控權，因為有很多的方法可以幫助你的身體重新恢復良好的感覺。

一旦擔心已經讓你的身體感覺很糟，你需要做的一件事叫做「重新設定你的系統」。重新設定你的系統意謂著做某些事來改變你身體的感覺方式。

有兩種方法可以重新設定你的系統。

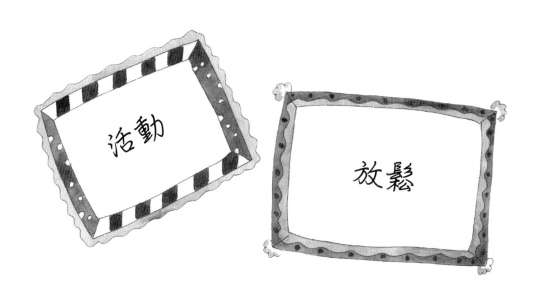

活動

放鬆

活　動

一旦你有了擔心，你所無法看見的某些狀況就在你的身體裡面有了改變。你的心臟開始跳得很快，而你的胃也可能開始痛起來，這些情況並不危急，但會讓你感覺很糟。為了讓身體回到正常狀態，你就必須消耗某些額外的能量，而這會讓你的身體覺得怪怪的。最好的方式就是投入某些動態又有趣的活動。

試試看在你弟弟數到100之前，你是否能夠來回樓梯跑四次。

把襪子捲起來當作球，然後跟你爸爸玩接球遊戲。

騎上你的腳踏車到處繞繞。

你可能會不想四處走動，因為你覺得有點不舒服，一點都沒能量，也玩不起來。但是，保持活動會有助於重新設定你的系統，並且讓身體內在重新恢復正常。因此，回嗆擔心，然後保持活動。

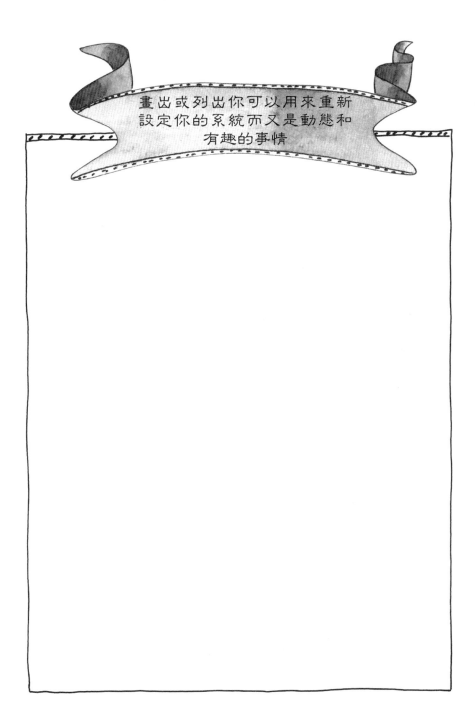

畫出或列出你可以用來重新
設定你的系統而又是動態和
有趣的事情

放　鬆

若是擔心跑到車子或學校裡，或是當時正是睡覺時間或你無法動起來的時間，你就可以用比較靜態的方式重新設定你的系統。這種方式叫做放鬆。

　　放鬆指的不只是做個深呼吸。你可能已經試過了，但你知道那並不管用。一旦擔心跳進你身體裡，你的腦袋和身體就會覺得很可怕，這時候光是要自己「冷靜下來」可能很困難。

　　準備好，你正要學習一種特別、靜態的方式來讓你的腦袋和身體覺得好一點。

我們一步一步來，一開始是你的身體。

首先是拉緊和放鬆你的肌肉。

握緊你的拳頭。

讓你的腳硬得像木板一樣。

繃緊你的臉。

默數到5之前都讓你的身體保持緊繃。

接下來讓你的肌肉鬆弛下來，好放鬆你整個身體。

接下來，注意你的呼吸。從鼻子吸氣，再由嘴巴呼氣。

在每一次，吸氣的時候，想像一下空氣從你的鼻子進入，然後順著所有的通道向下跑到肚子的位置。

一旦你準備好了，就從嘴巴呼氣。

在你吸氣的時候，感覺一下平靜、涼爽的空氣充滿你的身體。

在你呼氣的時候，感覺一下緊張、酷熱的空氣離開你的身體。

吸氣……然後呼氣

吸氣……然後呼氣

吸氣……然後呼氣

吸氣……然後呼氣

吸氣……然後呼氣

總共做五次。

既然你的身體準備好了，我們來看你的腦袋。一旦你有了擔心，有關擔心的想法占據你腦中的所有空間。這些擔心想法會讓你覺得很糟，即使你已儘量放鬆你的身體了。

　　可能有人會告訴你不要去想著擔心就好了，但是你知道那真的很難做到。那感覺就像是擔心正在你腦中的超大螢幕放映著，你不能不看到。

　　可是，你**可以**轉換頻道。

　　你知道真實的電視節目如何轉換頻道，現在你就要學習如何轉換你腦海中的頻道。

一開始要先挑選一個回憶。

挑選你所擁有最特別回憶中的一個。你可能有許多這類的特別的回憶。特別回憶通常來自於快樂時光，當時你感覺到很好玩，或是你成功地做到很難完成的任務。或許是你在壘球比賽中擊出三壘安打；或許是你可以在一窩動來動去的小狗堆中選擇你最想要飼養的那隻狗。

回想一個讓你內心覺得很棒的回憶，而且儘可能地記住更多的細節。當時你穿什麼衣服？空氣聞起來如何？你聽到什麼聲音？你感覺如何？你看到了什麼？

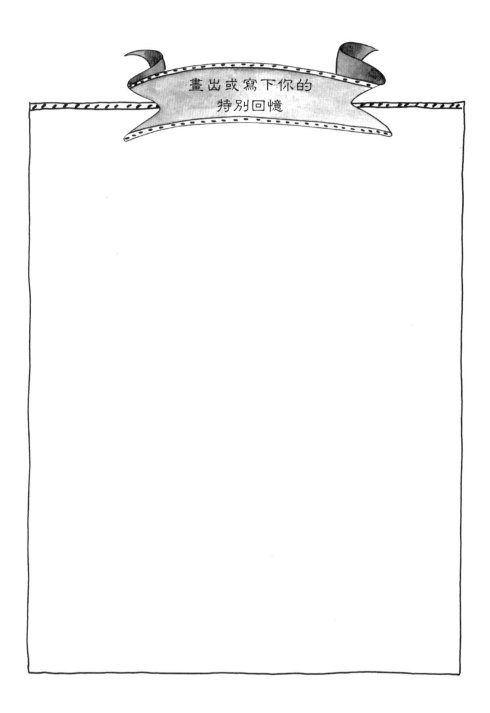

畫出或寫下你的
特別回憶

一旦你練習了回想你的特別回憶，你就會留意到這些回憶會幫助你覺得好過一點。只要想想你最喜歡的回憶，就有助於你回到當初的美好感覺。那需要練習，但很快地你就留意到你不僅僅是在回想快樂、興奮或榮耀的感覺，你也真正有了那些感覺。

猜猜看怎麼了？感覺到快樂、興奮或榮耀，就可以把擔心趕出去！那會把擔心頻道轉走，轉到你比較想看的頻道。

每天留5分鐘用這種靜態的方式來練習重新設定你的系統。在剛開始的時候，你要利用不是正在擔心的時間來做練習。

透過拉緊和鬆弛你的肌肉來幫你的身體做好準備。做五次深呼吸（記住要從鼻子吸氣，從嘴巴呼氣）。然後想像一下你最美好的回憶，越詳細越好。

　　重新設定你系統的動態方式會
很快發揮效用。靜態方式則需要一
些練習，如此一來，一旦擔心真的
出現，你就可以選擇究竟用哪種方
式來幫助你自己覺得好過一點。

第八章
讓擔心永遠消失無蹤

既然你已經對擔心瞭解很詳細，也知道如何擺脫它們，那麼關於如何讓它們永遠消失無蹤這件事，你必須知道一些事情。

你必須知道的第一件事就是，擔心會找方法偷偷地跑回來影響你。

假如你是一個很容易擔心的人，你應該要做好準備，在每次擔心開始困擾的時候，就運用打擊擔心的技術來幫助你自己。

照顧好你自己，這有助於讓你保持強壯，以便打擊擔心。確保你自己吃得健康、睡得充足。肚子餓或是疲倦的時候，你就很難打擊擔心。

藉由每天運動來讓身體保持強壯。打打球；休息的時候到處走動一下；走走樓梯。每天都要運用一下你自己的肌肉；如此一來你的身體才會有更多的能量來打擊擔心。

想想看在玩過捉迷藏或是玩了一下午的滑雪車之後，你會有多開心。你會如此開心的其中一個原因，是運動有助於去除壓力。一旦我們覺得時間很趕，或是我們必須非常努力地去瞭解某些事情，壓力就可能會累積起來。若是有人對我們很生氣，或是我們必須同時面對很多新事物，我們的壓力也會累積。

　　一旦我們覺得很有壓力，我們就比較容易疲累及發脾氣。運動是化解壓力的一種好方法，如此我們的身體和心靈就可以變得強壯。

你要做些什麼來善待你自己？

把它們畫下
來或寫出來

你還記得擔心就像是專門欺負弱小的霸王嗎？

為了要戰勝擔心，你在身體和心靈方面都要很強壯。讓你的心靈保持強壯的一個方法就是知道自己對某方面很厲害。

或許你是一個很好的朋友。

或許你的數學成績很棒。

或許你們球隊在玩足球的時候，你總是會得分。

或許你很擅長畫馬。

或許你唱歌真的唱得很好聽。

找到你真的很厲害的事情，然後就去做那些事情。對你自己擅長的事情，你要為自己感到光榮。去對你生活周遭的某些大人談談你的優點。

知道自己對某些事情很擅長，可以幫助你覺得更有信心學會如何打擊擔心。

畫出你正在做
某件你擅長的事

第九章

你一定做得到！

打擊擔心在一開始是一件艱難的任務。

擔心已經很習慣要你聽它的命令，可是你可以改變那種情況。

你越常練習本書所描述的方法，你就會變得越強壯。你變得越強壯，擔心就會變得越虛弱。

現在你變得更強壯了，因爲你已經知道該做些什麼了。

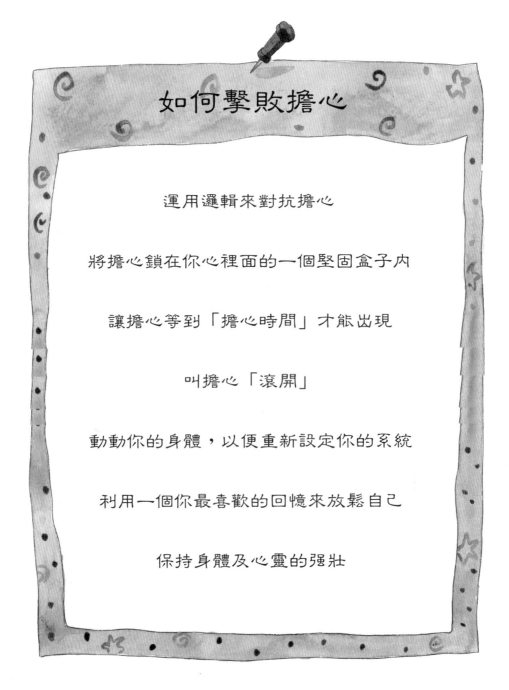

如何擊敗擔心

運用邏輯來對抗擔心

將擔心鎖在你心裡面的一個堅固盒子內

讓擔心等到「擔心時間」才能出現

叫擔心「滾開」

動動你的身體，以便重新設定你的系統

利用一個你最喜歡的回憶來放鬆自己

保持身體及心靈的強壯

既然你已經變得更強壯，打擊擔心就會更容易一些。你可以做一個多數時間都不受擔心困擾的孩子。

　　想像一下你自己成為這樣的一個孩子。

　　想像一下你自己變得強壯到可以叫擔心走開。

　　想像一下擔心真的消失無蹤了。

畫出不擔心的時
候你自己的樣子

這種感覺真是棒極了！

國家圖書館出版品預行編目資料

擔心太多了怎麼辦？：幫助孩子克服焦慮問題／
Dawn Huebner著；Bonnie Matthews繪圖；
陳碧玲，陳信昭譯. -- 二版. -- 臺北市：
書泉出版社, 2023.07
 面；　公分
譯自：What to do when you worry too much: a
 kid's guide to overcoming anxiety
ISBN 978-986-451-318-5(平裝)
1.CST: 兒童心理學　2.CST: 焦慮症
3.CST: 通俗作品
173.12　　　　　　　　　　　　112006961

3198

擔心太多了怎麼辦？
幫助孩子克服焦慮問題

作　　者／Dawn Huebner

繪　　者／Bonnie Matthews

譯　　者／陳碧玲　陳信昭

發 行 人／楊榮川

總 經 理／楊士清

總 編 輯／楊秀麗

副總編輯／黃文瓊

責任編輯／李敏華

封面設計／陳亭瑋

出 版 者／書泉出版社

地　　址／106臺北市大安區和平東路二段339號4樓

電　　話／(02)2705-5066　　傳　　真／(02)2706-6100

網　　址／https://www.wunan.com.tw

劃撥帳號／01303853

戶　　名／書泉出版社

總 經 銷／貿騰發賣股份有限公司

電　　話：(02)8227-5988　　傳　　真：(02)8227-5989

網　　址：http://www.namode.com

法律顧問　林勝安律師

出版日期／2009年6月初版一刷（共四刷）
　　　　　2023年7月二版一刷

定　　價／新臺幣200元

經典永恆・名著常在

五十週年的獻禮 —— 經典名著文庫

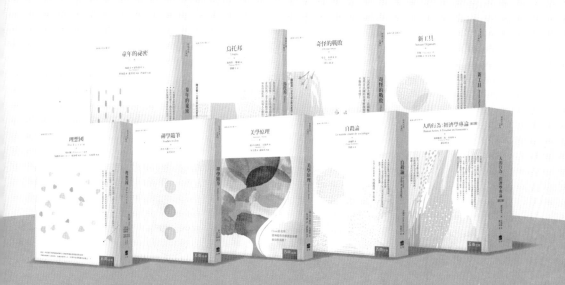

五南，五十年了，半個世紀，人生旅程的一大半，走過來了。

思索著，邁向百年的未來歷程，能為知識界、文化學術界作些什麼？

在速食文化的生態下，有什麼值得讓人雋永品味的？

歷代經典・當今名著，經過時間的洗禮，千錘百鍊，流傳至今，光芒耀人；

不僅使我們能領悟前人的智慧，同時也增深加廣我們思考的深度與視野。

我們決心投入巨資，有計畫的系統梳選，成立「經典名著文庫」，

希望收入古今中外思想性的、充滿睿智與獨見的經典、名著。

這是一項理想性的、永續性的巨大出版工程。

不在意讀者的眾寡，只考慮它的學術價值，力求完整展現先哲思想的軌跡；

為知識界開啟一片智慧之窗，營造一座百花綻放的世界文明公園，

任君遨遊、取菁吸蜜、嘉惠學子！